रंगों की मनमानी

रंगों की मनमानी

वसीम नादिर

BOOKS
राजकमल प्रकाशन

BOOKS राजकमल प्रकाशन

रेख़्ता बुक्स
बी-37, सेक्टर - 1, नोएडा
उत्तर प्रदेश - 201301

rekhtabooks@rekha.org
www.rekhtabooks.com
www.rajkamalprakashan.com

रंगों की मनमानी
वसीम नादिर

ISBN : 978-93-91080-43-3

प्रथम संस्करण : 2021
पुनर्मुद्रण : 2021

फ़ॉन्ट : योगेश यूनि
मुद्रक : थॉमसन प्रेस (इंडिया) लिमिटेड

आवरण एवं पुस्तक सज्जा
सुरेश पंवार, रेख़्ता

सहयोग राशि : ₹199

MIX
Paper
FSC FSC® C010615

एक और नया क़दम

'रेख़्ता फ़ाउन्डेशन' का बुनियादी काम, उर्दू शाइ'री के शब्द और अर्थ की ख़ूबसूरती, रंग-रस, संगीत, स्पर्श और ज़ाइक़े को ज़ियादा से ज़ियादा लोगों तक पहुँचाना और उन्हें इसके सम्पर्क में लाना है। इसीलिए 'रेख़्ता' वेबसाइट पर, उर्दू शाइ'री को दुरुस्त पाठ और मे'यारी चयन के साथ देवनागरी और रोमन लिपियों में भी पेश किया गया, ताकि उर्दू लिपि न जानने वाले उर्दू दोस्त भी अपनी महबूब शाइ'री के रचना-संसार में दाख़िल हो सकें।

यही मक़्सद 'रेख़्ता बुक्स' की स्थापना का भी प्रेरणा-स्रोत रहा है, जो बुनियादी तौर पर उर्दू शाइ'री और उसके प्रेमियों के दर्मियान किताब का पुल बनाने का प्रकाशन-प्रॉजेक्ट है। आगे चलकर इसका दायरा बढ़ाते हुए, दीगर विधाओं, ख़ास तौर पर कथा साहित्य, आत्म-कथाओं, यात्रा-वृत्तांतों वग़ैरह को भी इस प्रॉजेक्ट का हिस्सा बनाया जाएगा।

'ग़ज़ल उसने छेड़ी' शीर्षक के तहत, अब तक की अहम उर्दू शाइ'री का एक विस्तृत संकलन देवनागरी लिपि में प्रस्तुत करने के बा'द, 'रेख़्ता हर्फ़-ए-ताज़ा सीरीज़' की सूरत में एक और पेशक़दमी की गई जो उर्दू शाइ'री की मौजूदा नई रचनात्मक संभावनाओं को रूनुमाई का मौक़ा' देने पर केंद्रित है। इस सिलसिले को कुछ और फैलाते हुए, अब कल और आज के स्थापित, महत्वपूर्ण और प्रतिनिधि शाइ'रों का कलाम इन्तिख़ाब की शक्ल में पेश करने का एक नया सिलसिला हाज़िर है जिसका आग़ाज़ अलग अलग अन्दाज़-ओ-अदा वाले समसामयिक शाइ'रों से किया जा रहा है। जल्द ही इस सिलसिले

के तहत, बहुत से ख़ुश-गो और ख़ुश-फ़िक्र शाइ'रों का कलाम पेश-ए-ख़िदमत किया जाएगा। उम्मीद है कि उर्दू शाइ'री के बा-ज़ौक़ पाठकों में हमारी ये पेशकश भी मक़्बूल होगी।

संजीव सराफ़

संस्थापक, रेख़्ता फ़ाउन्डेशन

फ़ेह्‌रिस्त

ग़ज़लें

सलीक़े से अगर तोड़ें तो काँटे टूट जाते हैं
मगर अफ़्सोस ये है फूल पहले टूट जाते हैं

बिछड़ कर आपसे ये तज्रबा[1] हो ही गया आख़िर
मैं अक्सर सोचता था लोग कैसे टूट जाते हैं

1 अनुभव

मोहब्बत बोझ बन कर ही भले रहती हो काँधों पर
मगर ये बोझ हटता है तो काँधे टूट जाते हैं

मिरी औक़ात ही क्या है मैं इक नन्हा सा आँसू हूँ
बुलन्दी से तो गिरकर अच्छे-अच्छे टूट जाते हैं

ज़ियादा कामयाबी भी बहुत नुक़्सान देती है
फलों का बोझ बढ़ने से भी पौधे टूट जाते हैं

बहुत दिन मस्लिहत[1] की क़ैद में रहते नहीं जज़्बे
मोहब्बत जब सदा देती है पिंजरे टूट जाते हैं

1 लाभ-हानि सोचकर निर्णय लेना

सितम ये है मैं उस रस्ते पे नंगे पाँव चलता हूँ
जहाँ चलते हुए लोगों के जूते टूट जाते हैं

मैं कैसे शर्त लगाऊँगा आस्मान के साथ
मिरे तो पर ही नहीं है मिरी उड़ान के साथ

ये सब चराग़ नहीं हैं किसी के आँसू हैं
जो जागते हैं बराबर मिरी थकान के साथ

अना-परस्त क़बीले का एक फ़र्द[1] हूँ मैं
मुझे भी क़त्ल करो मेरे ख़ानदान के साथ
1 सदस्य

ये और बात कि ख़ुश्बू न आ सकी मुझमें
रहा हूँ मैं भी बहुत देर ज़ा'फ़रान के साथ

दुआ' की सख़्त जरूरत है मेरी कश्ती को
हसद की आँधी है इस बार बादबान के साथ

क्या मिरी पहचान है ये सोचता रहता हूँ मैं
खो गया था जो कभी मेले में वो बच्चा हूँ मैं

तेरे दिल से मैं निकल पाऊँ कभी मुम्किन नहीं
अपने दिल में देख कितनी दूर तक फैला हूँ मैं

आप जिसको ढूँडते फिरते हैं कब से दर-ब-दर
ग़ौर तो कीजे उसी आवाज़ का चेहरा हूँ मैं

ज़िन्दगी तुझको पता है बार-गाह-ए-इश्क़ में
हो न पाया जो कभी मक़्बूल वो सज्दा हूँ मैं

कितनी उम्मीदें हैं वाबस्ता मिरी ही ज़ात से
धूप है शिद्दत की और इक अब्र का टुकड़ा हूँ मैं

तोड़ देते हैं जहाँ तक आते आते दम चराग़
दर्द में डूबा हुआ वो रात का हिस्सा हूँ मैं

मेरे घर के बाम-ओ-दर से पूछिए क़ीमत मिरी
आपकी नज़रों में बेशक टाट का पर्दा हूँ मैं

बिला मक़्सद मुझे हमदर्दियाँ अच्छी नहीं लगतीं
हर इक मौसम में सर पर छतरियाँ अच्छी नहीं लगतीं

मैं चाहे दो क़दम चल पाऊँ लेकिन पाँव मेरे हों
किसी भी हाल में बैसाखियाँ अच्छी नहीं लगतीं

हसीं आँखों में अपनी ख़ूबसूरत ख़्वाब भी रखना
अगर दीपक न हो तो थालियाँ अच्छी नहीं लगतीं

घरों का हुस्न हँसते-बोलते रिश्तों से क़ायम है
अगर पत्ते न हों तो टहनियाँ अच्छी नहीं लगतीं

लबों से कह नहीं सकते तो फिर आँखों से कह दीजे
मोहब्बत में बहुत तहदारियाँ अच्छी नहीं लगतीं

मुझे किस मोड़ पर लाकर अकेलेपन ने छोड़ा है
ख़ुद अपने जिस्म की परछाइयाँ अच्छी नहीं लगती

खुले हैं ज़ख़्म ये अच्छा नहीं है
तुम्हें मौसम का अन्दाज़ा नहीं है

अभी कुछ ख़्वाब हँसते बोलते हैं
अभी आँखों में सन्नाटा नहीं है

तुम्हें भी भीड़ में खोना पड़ेगा
तुम्हारे पास भी चेहरा नहीं है

तिरी हर बात हँसकर मान लेना
मोहब्बत है ये समझौता नहीं है

बड़ी मुश्किल से मानेगा मिरा दिल
कि अब तुमसे कोई रिश्ता नहीं है

अधूरापन हर इक घर का मुक़द्दर
दरीचा है मगर पर्दा नहीं है

ये सब किर्दार का है खोखलापन
घना है पेड़ और साया नहीं है

फूल लब पर हँसी के थे ही नहीं
ये इशारे ख़ुशी के थे ही नहीं

पूछता कौन टूटने का सबब
हम तो जैसे किसी के थे ही नहीं

मैंने रुख़्सत किया तुम्हें जिस वक़्त
लम्हे वो रुख़्सती के थे ही नहीं

इसलिए ग़म नहीं है मरने का
हम कभी ज़िन्दगी के थे ही नहीं

दिल को ये बात खाए जाती है
उसके आँसू ख़ुशी के थे ही नहीं

हम ही उम्मीद बाँध बैठे थे
वो दिए रौशनी के थे ही नहीं

जो ज़माने के लिए जागने वाला होगा
उसकी आँखों का हर इक ख़्वाब अधूरा होगा

वक़्त ने मेरे ख़द-ओ-ख़ाल[1] मिटा डाले हैं
हाँ तिरे पास सलामत मिरा चेहरा होगा
1 स्वरूप, चेहरा मोहरा

मैं वफ़ाओं का पुजारी मैं मोहब्बत का फ़क़ीर
मेरी बर्बादी से नुक़्सान सभी का होगा

आज फिर उसको भुलाने की करूँगा कोशिश
आज फिर दिल का मिरे ज़ेह्न से झगड़ा होगा

किस क़यामत की है ताकीद[1] ज़रा ग़ौर करो
उस गली से मुझे चुपचाप गुज़रना होगा
1 सुझाव, चेतावनी

ख़ुश्बुओं के ये तक़ाज़े भी अ'जब होते हैं
एक ही फूल है और उसको बिखरना होगा

जिन्होंने रक्खे जला कर दिए अंधेरे में
वही तो लोग खड़े रह गए अंधेरे में

ये सोचना है ख़बर रौशनी को कैसे हुई
मिले थे हम जो कभी आपसे अंधेरे में

हम अपने गाँवों जो लौटे तो ये हुआ मा'लूम
पड़े हुए हैं कई आईने अंधेरे में

चराग़ हो न सका एक भी कहीं रौशन
मगर मकान बहुत से जले अंधेरे में

अ'जीब लोग थे सूरज की आरज़ू लेकर
तमाम उ'म्र भटकते रहे अंधेरे में

घटा से चाँद निकल आए ये दुआ' माँगो
भटक रहे हैं कई क़ाफ़िले अंधेरे में

हमारे हिस्से में कुछ ऐसे हमसफ़र आए
हमें पता है कि हम कैसे अपने घर आए

अब और कैसे मोहब्बत का हक़ अदा करते
तुम्हारी क़ब्र में हम ख़ुद को दफ़्न कर आए

ग़ज़ल की आँख से देखा था हमने दुनिया को
हर एक सम्त हमें फूल ही नज़र आए

हमारे पास जो गुलदान था मोहब्बत का
हम उसमें अपने ही ख़्वाबों की राख भर आए

हमारे साथी तो सब खो गए उड़ानों में
हमीं अकेले पलट कर ज़मींन पर आए

ये वक़्त कौन से क़िस्से सुनाने बैठ गया
निशान जितने थे दिल पर सभी उभर आए

ये किस बस्ती में हम ठहरे हुए हैं
दिए रौशन हैं घर उजड़े हुए हैं

मोहब्बत को वफ़ा को जानता हूँ
ये सब कपड़े मिरे पहने हुए हैं

छुपा लें मुट्ठियों में अपनी सूरज
इसी ख़्वाहिश में सब अंधे हुए हैं

उजाला मिल गया हम सब को लेकिन
दिए बारूद पर रक्खे हुए हैं

नई ख़ुशबू कहाँ से लाऊँ आक़ा
ये सब गुल आपके सूँघे हुए हैं

इसी को तो हवस कहती है दुनिया
कि तन भीगे हैं मन सूखे हुए हैं

वो इक चराग़ जो तन्हा दिखाई देता है
ये सब उजाला उसी का दिखाई देता है

दुआ' के वक़्त उसे कैसे भूल सकता हूँ
हथेलियों में जो चेहरा दिखाई देता है

यहाँ पे रह के मुझे चैन आ नहीं सकता
यहाँ से उसका दरीचा दिखाई देता है

कभी भटक नहीं सकता मैं अपनी मन्ज़िल से
मुझे वो तारा हमेशा दिखाई देता है

ये ख़्वाहिशों का असर है तमाम दुनिया पर
हर आदमी जो अधूरा दिखाई देता है

मैं उसकी आँखों को तकता हूँ इसलिए 'नादिर'
मुझे इन्हीं में ज़माना दिखाई देता है

ख़ाली हम इक गिलास कहीं छोड़ आए हैं
मायूस अपनी प्यास कहीं छोड़ आए हैं

ये सोचते ही शर्म से झुक जाती है नज़र
हम ख़ुद को बे-लिबास कहीं छोड़ आए हैं

पथरीले रास्तों पे सफ़र कर रहे हैं हम
रिश्तों की नर्म घास कहीं छोड़ आए हैं

तेरी नज़र पड़े न पड़े और बात है
हम ख़ुद को तेरे पास कहीं छोड़ आए हैं

होंटो पे अपने कैसे रखें हम हँसी के फूल
इक शख़्स को उदास कहीं छोड़ आए हैं

हर वक़्त दिल धड़कता है कब जाने टूट जाए
कमज़ोर सी इक आस कहीं छोड़ आए हैं

कितनी सुख़न की महफ़िलें आबाद कर गया
ख़ामोशियों के हब्स[1] में ख़ुद घुट के मर गया

1 घुटन, क़ैद

ऐसा मिला सुकून चुका कर किसी का क़र्ज़
मैला लिबास जैसे बदन से उतर गया

चेहरे बना बना के रखे हैं किताब में
बे-चेहरगी के ख़ौफ़ से मैं कितना डर गया

मुझको समेटने में लगेगी तमाम उ'म्र
इक शख़्स मेरी ज़ात के अन्दर बिखर गया

हम देखते भी किसको तिरी रुख़्सती के बा'द
गर्द-ओ-ग़ुबार राह का आँखों में भर गया

तेरा ख़याल भी किसी सोने से कम नहीं
जितना तपाया हिज्र ने उतना निखर गया

इ'श्क के ज़माने भी क्या अ'जब ज़माने थे
आग पर भी चलना था पाँव भी बचाने थे

कुछ धुआँ भी शामिल था शह्र की हवाओं में
कुछ हमारी आँखों में ज़ख़्म भी पुराने थे

रतजगों ने बीनाई छीन ली तो हैरत क्या
अ'क़्ल के कभी तुमने मश्वरे न माने थे

कितनी जानलेवा थी कशमकश मोहब्बत की
तेरे राज़ थे दिल में तुझसे ही छुपाने थे

रास्ता दिखाते थे लफ़्ज़ रौशनी बनकर
कैसे लोग थे वो भी वो भी क्या ज़माने थे

आँखों के पास तेरा ही चेहरा है आज भी
लगता है दिल से दूर ज़माना है आज भी

मुझको इसी यक़ीन ने बर्बाद कर दिया
मैं तो ये मानता हूँ वो मेरा है आज भी

ग़ुर्बत मिरा मिज़ाज न तब्दील कर सकी
गुलदान एक मेज़ पे रक्खा है आज भी

आँखों को मेरी ख़्वाब जो तुम सौंप कर गए
वो ख़्वाब मेरी जान सुनहरा है आज भी

रौशन न रख सका यहाँ कोई भी इक चराग़
रिश्तों की रहगुज़र में अंधेरा है आज भी

हैरान मेह्‌रबानों के रुमाल हो गए
आँसू कमाल-ए-ज़ब्त[1] से जब लाल हो गए

1 संयम का कमाल

ये देखना है किस घड़ी दफ़नाया जाऊँगा
मुझको मरे हुए तो कई साल हो गए

तुम सारी उ'म्र कैसे सँभालोगे नफ़रतें
हम तो ज़रा सी देर में बेहाल हो गए

साइल[1] को एक लफ़्ज़-ए-मोहब्बत[2] न मिल सका
हैरत है सारे लोग ही कंगाल हो गए

1 भिक्षुक, माँगने वाला 2 प्रेम का शब्द

दिल के परिन्दे उड़ गए अपनी दिशाओं में
नाकाम अ'क़्ल तेरे सभी जाल हो गए

ख़त्म सन्नाटों का तुम जोश नहीं कर सकते
रह के तन्हा इन्हें ख़ामोश नहीं कर सकते

चाँद सूरज ही मिटाते हैं अंधेरा लेकिन
जुगनुओं को भी फ़रामोश[1] नहीं कर सकते
1 भूलना

मेरी आँखों में ज़रूरत ने जलन रख दी है
आप आँखें मिरी मदहोश नहीं कर सकते

दिल की आवाज़ सवाली की सदा हो जैसे
चाह कर भी इसे ख़ामोश नहीं कर सकते

साथ सहरा का निभा सकता है दीवाना कोई
काम दुश्वार है ज़ी-होश[1] नहीं कर सकते
1 अ'क़्लमन्द

अभी यक़ीन के मन्सब[1] पे मत बिठाओ मुझे
मैं चाहता हूँ ज़रा और आज़माओ मुझे

1 पद

किसे बताऊँ कि अन्दर से तोड़ देता है
कभी-कभार ये बाहर का रख रखाव मुझे

वो जिस कहानी के आख़िर में दोनों मिल जाएँ
अगर हो ज़ेह्न में कोई तो फिर सुनाओ मुझे

मैं आए दिन के ख़िताबों से आ गया हूँ तंग
जो हो सके तो मिरे नाम से बुलाओ मुझे

बहुत से ख़ानों में तक़सीम करके छोड़ेगा
दिल-ओ-दिमाग़ का 'नादिर' ये भेद-भाव मुझे

ये क्या कि फूल बनो एक ही के साथ रहो
महक की तर्ह जियो और सभी के साथ रहो

लहू पिलाना पड़ेगा तुम्हें ज़रूरत पर
ये हौस्ला है तो फिर रौशनी के साथ रहो

अगर शऊ'र न हो प्यास बुझ नहीं सकती
तमाम उ'म्र भले ही नदी के साथ रहो

ये ज़िन्दगी भी अ'जब इम्तिहान लेती है
जिसे मिज़ाज न चाहे उसी के साथ रहो

उदासियों का मुसलसल नुज़ूल अब भी है
हर एक चीज़ पे कमरे की धूल अब भी है

उलझ के रह गए रुमाल अपने जिसमें कभी
वफ़ा की राह में क्या वो बबूल अब भी है

वो इ'श्क़ वालो को सहरा में छोड़ आते थे
तुम्हारे शह्र में क्या ये उसूल अब भी है

तुम्हारे नाम की ख़ुशियाँ तो ख़ैर मिल न सकी
तुम्हारे नाम का हर ग़म क़ुबूल अब भी है

कभी-कभार महक उठने का सबब 'नादिर'
वफ़ा की शाख़ पे इक आध फूल अब भी है

परिन्दे घोसलों से कह के ये बाहर निकल आए
हमें उड़ने दिया जाए हमारे पर निकल आए

मोहब्बत से किसी ने जब सफ़र की मुश्किलें पूछीं
कई काँटे हमारे पाँव से बाहर निकल आए

बहुत से राज़ भी आएँगे आ'ली-जाह[1] फिर बाहर
ख़फ़ा होकर हवेली से अगर नौकर निकल आए

1 बड़े रुत्बे वाला

सफ़र में ज़िन्दगी के मैं ज़रा सा लड़खड़ाया था
मुझे ठोकर लगाने फिर कई पत्थर निकल आए

ब-ज़ाहिर डायरी के सारे ही औराक़[1] सादा थे
उन्हें जब ग़ौर से देखा कई मन्ज़र निकल आए

1 पन्ने

हज़ार ज़ख़्म मिले फिर भी मुस्कुराते हुए
गुज़र गया है कोई रास्ता बनाते हुए

अ'ज़ाब पूछे कोई हमसे कम-लिबासी का
तमाम उ'म्र कटी है बदन छुपाते हुए

ये किस गुनाह का एहसास है मिरे दिल को
निगाह उठती नहीं रौशनी में आते हुए

वो पूछ बैठा था मुझसे सबब बिछड़ने का
ज़ुबान काँप गई उसको सच बताते हुए

तुम्हारे नाम के आँसू है मेरी आँखों में
ये बात भूल न जाना मुझे रुलाते हुए

तुम्हारे बारे में मुझसे सवाल करते हुए
गुज़र न जाए ये रुत भी मलाल[1] करते हुए

1 अफ़्सोस

पुराने ज़ख़्म कहीं फिर न मुस्कुरा उट्ठें
मैं डर रहा हूँ तअ'ल्लुक़ बहाल करते हुए

किसी ने रात की सरगोशियाँ[1] सुनी ही नहीं
चराग़ बुझ गए सब अ'र्ज़-ए-हाल[2] करते हुए

1 काना-फूसी 2 हाल बताना

बता गए हैं किसी को तड़प मिरे दिल की
फ़ना हुए हैं ये आँसू कमाल करते हुए

मुझे सफ़र की दुआ'ओं के हार पहनाकर
पलट गया कोई आँखें निढाल करते हुए

सफ़र था थोड़ा मगर कितने मोड़ आए थे
कई कहानियाँ हम उनमें छोड़ आए थे

मैं उन परिन्दों को रोता हूँ जो फ़लक के लिए
ज़मीं से अपना तअ'ल्लुक़ ही तोड़ आए थे

कोई मलाल[1] हमें अब रुला नहीं सकता
हम एक दर्द पे आँखें निचोड़ आए थे

1 अफ़सोस

सवाल सूखे हुए आँसुओं का उलझा रहा
हिसाब वैसे तो हम सारा जोड़ आए थे

ग़ुबार छा गया हर चीज़ पर तो हैरत क्या
दरीचे भी तो खुले हम ही छोड़ आए थे

मोहब्बत दोस्तो शबनम भी चिंगारी भी होती है
तुम्हें मा'लूम है तल्वार दो-धारी भी होती है

हर इक आवाज़ पर रुकना समझदारी नहीं होती
कोई आवाज़ आवाज़ों में बाज़ारी भी होती है

परखना चाहते हैं वो हर इक रिश्ते की सच्चाई
बहुत से लोग हैं जिनको ये बीमारी भी होती है

अदाकारी हर इक इन्सान के बस की नहीं होती
ज़ियादा देर तक हँसने मे दुश्वारी भी होती है

मोहब्बत फूल देगी आपको तब होगा अन्दाज़ा
कि दुनिया में कोई शय इस क़दर भारी भी होती है

तुमसे बिछड़े तो कोई ख़्वाब न देखा हमने
रख लिया आँखों का उस दिन से ही रोज़ा हमने

आज ख़ुशहाल हैं तो दोनों अलग रहते हैं
जो बुरा वक़्त था वो साथ गुज़ारा हमने

आँख से टूट गया ख़्वाब का रिश्ता आख़िर
पा लिया जागते रहने का नतीजा हमने

क्या हिमाक़त[1] है कि बस एक अना की ख़ातिर
कर लिया तुमसे बिछड़ना भी गवारा हमने

1 मूर्खता

इ’श्क़ के खेल में आँसू ही मयस्सर होंगें
याद तो कीजे कई बार कहा था हमने

मस्लिहत[1] के साथ थे चालाक होना ही पड़ा
चन्द पल को ही सही सफ़्फ़ाक[2] होना ही पड़ा

1 लाभ-हानि सोचकर निर्णय लेना 2 निष्ठुर

धूल से महफ़ूज़ रखना था मुझे तेरा बदन
इसलिए मुझको तिरी पोशाक होना ही पड़ा

जुस्तजू खोए हुए को ढूँड कर लाने की थी
यूँ हुआ इक रोज़ मुझको ख़ाक होना ही पड़ा

घर की मिट्टी ख़ूबसूरत शक्ल में दिखने लगे
बस इसी ख़्वाहिश में मुझको चाक होना ही पड़ा

बारिशों में छोड़कर आने पड़े नन्हे गुलाब
जिन्दगी तेरे लिए सफ़्फ़ाक[1] होना ही पड़ा

1 क्रूर

हवा मिज़ाज बदलती है तब बिखरते हैं
ख़ुशी से लोग बुलन्दी से कब उतरते हैं

तुझे भुलाने को सीखा था शाइ'री का हुनर
हर एक शे'र में अब तुझको याद करते हैं

हमें पता है तड़प तिश्नगी के बढ़ने की
इसीलिए तो सभी के गिलास भरते हैं

ग़ुबार इसलिए आँखों पे छाया रहता है
इधर से रोज़ कई क़ाफ़िले गुज़रते हैं

तिरा ख़याल सलामत तो क्या है तन्हाई
चराग़ वाले कहीं तीरगी[1] से डरते हैं

1 अंधेरा

इक शहन्शाह के ए'ज़ाज़-ओ-लक़ब[1] से आगे
इ'श्क़ रहता है हर इक नाम-ओ-नसब[2] से आगे

1 सम्मान और उपाधि 2 वंशावली

कितना कुछ छोड़ के आए हैं ये मा'लूम करो
ये न सोचो कि खड़े हो गए सबसे आगे

मैं ज़माने से मुलाक़ात तो कर लूँ लेकिन
दिल निकलता ही नहीं तेरी तलब से आगे

इस क़दर तेज न थी आपकी रफ़्तार मगर
हो गए आप किसी और सबब से आगे

ये दुआ' की थी भटकने से बचा ले कोई
एक आहट सी चला करती है तब से आगे

मेरे काँधे पे किसी ख़्वाब का सर रक्खा रहा
और आँखों में सहर होने का डर रक्खा रहा

मैं भटकता ही रहा भूख के सहराओं में
मेरे कमरे में सजा मेरा हुनर रक्खा रहा

कुछ ज़रूरत के सबब मिल तो गए हम दोनों
दिल पे इक बोझ बिछड़ने का मगर रक्खा रहा

लौ चराग़ो की तिरे कपड़े जला सकती है
चाँद तारो पे तिरा ध्यान अगर रक्खा रहा

उ'म्र भर भटके तमन्ना लिए 'नादिर' घर की
एक काग़ज़ पे मगर जेब में घर रक्खा रहा

बीती रुतों का अल्बम लेकर बैठ गए
हम आँधी में रेशम लेकर बैठ गए

दिल की बातें दुनिया को समझाओगे
तुम भी धूप में शबनम लेकर बैठ गए

तन्हाई की प्यास ने जब बेचैन किया
हम यादों का ज़मज़म लेकर बैठ गए

हम भी क्या नादान थे दिल बहलाने को
एक फ़साना मुब्हम[1] लेकर बैठ गए

1 अस्पष्ट

हर चेहरे पर ज़र्दी छाई रहती है
आँखों को ये मौसम लेकर बैठ गए

आश्ना माहौल में अन्जान बनकर रह गए
हम तो अपने घर में ही मेहमान बन कर रह गए

कोई अच्छी चीज़ ढूँडे से भी मिल पाती नहीं
ज़ेह्न इन्सानों के कूड़ेदान बनकर रह गए

गुफ़्तुगू होती थी जिनसे रात दिन हालात पर
अब वही दीवार-ओ-दर बेजान बन कर रह गए

क़ीमती रिश्ते भी अब तो ख़ुद-ग़रज़ माहौल में
सिर्फ़ इस्ते'माल का सामान बन कर रह गए

इक तवज्जो की नज़र हम पर न पड़ पाई कभी
बन्द कमरे में रखा गुलदान बनकर रह गए

ख़्वाहिश का बोझ रख लिया दिल की असास[1] पर
ये काम भी किया है तिरे इल्तिमास[2] पर

1 आधार, बुनियाद 2 अनुरोध

पानी की चन्द बूँदें मुझे माँगनी पड़ीं
शर्मिन्दगी हुई है बहुत अपनी प्यास पर

लफ़्ज़ों में झिलमिलाते हुए गम नहीं है ये
जुगनू टके हुए हैं ग़ज़ल के लिबास पर

नाकाम है ये कब से मगर टूटती नहीं
हैरान होता रहता हूँ मैं दिल की आस पर

दिल सोच में पड़ा है कि वो कैसे होंट थे
जिनके निशान उभरे हैं अब तक गिलास पर

लीजिए हम बादशाहों से भी ऊपर हो गए
रख-रखाओ दूर फेंका और क़लन्दर हो गए

दासियाँ और कैसे रक्खें देवताओं का ख़याल
हाथ जोड़े सर झुकाए जिस्म पत्थर हो गए

चाँद को पाने की ख़्वाहिश हो गई पूरी मगर
नन्हे मुन्ने सारे जुगनू घर से बाहर हो गए

सोचना ये है तरसते थे जो इक-इक बूँद को
एक ही बरसात में कैसे समुन्दर हो गए

घर के बटवारे को लेकर भाई सब उलझे रहे
और इस मुद्दत में सारे खेत बंजर हो गए

कोई बताए उसे हमनशीन कैसे करें
जो आस्मान है उसको ज़मींन कैसे करें

मोहब्बतों में छुपी मस्लिहत[1] समझ जाएँ
हम अपने आपको इतना ज़हीन कैसे करें

1 लाभ-हानि सोचकर फ़ैसला करना

हमारे ग़म की ये जागीर हम पे बोझ नहीं
बग़ैर परखे तुम्हें जा-नशीन[1] कैसे करें

1 उत्तराधिकारी

लहू का आख़िरी क़त्रा भी उनको दे आए
उधर सवाल वही है यक़ीन कैसे करें

गुज़र तो जाएगी हर हाल में ये रात आख़िर
बग़ैर शम्अ' के लेकिन हसीन कैसे करें

मशक़्क़त का पसीना ख़ून में तहलील[1] होता है
अंधेरा रौशनी में तब कहीं तब्दील होता है

1 घुलना

बिछड़ते ही किसी से हो गया एहसास ये हमको
कि रस्ता किस तरह इक मील का सौ मील होता है

ये ऊँचे लोग खुल कर मिल नहीं सकते कभी तुमसे
समुन्दर भी सिमट कर क्या कहीं पर झील होता है

हज़ारों ख़ून की बूँदें फ़ना हो जाती हैं जलकर
तब इक आँसू किसी की राह की क़िन्दील[1] होता है

1 दिया

मिरी हैरत में होता है इज़ाफ़ा किस क़दर 'नादिर'
वो एक चेहरा कई चेहरों में जब तहलील होता है

ये मत समझना कोई बदनुमा सा दाग़ हैं हम
किसी की आँख का जलता हुआ चराग़ हैं हम

मिलेगा हमसे ही तुझको पता मोहब्बत का
हमें सँभाल के रख आख़िरी सुराग़ हैं हम

हमारे जलने जलाने से फ़ायदा क्या है
कि अपने ताक़ से बिछड़े हुए चराग़ हैं हम

लपेट रक्खा है ख़ुद को अना की चादर में
सबब यही है कि अन्दर से दाग़-दाग़ हैं हम

किसी के प्यार को हम मस्लिहत[1] समझ बैठे
यक़ीन हो गया 'नादिर' कि बे-दिमाग़ हैं हम

1 लाभ-हानि सोचकर फ़ैसला करना

ख़ुश्बू मिज़ाज था सो बिखरना पड़ा मुझे
अपनी शिनाख़्त[1] के लिए मरना पड़ा मुझे

1 पहचान

इतना हुआ कि आप जो साँसों में बस गए
साँसो का एहतिराम भी करना पड़ा मुझे

उससे बिछड़ के तुझको पता है ऐ ज़िन्दगी
ख़ुद अपनी लाश पर से गुज़रना पड़ा मुझे

ले जाना चाहती थी हवा आस्माँ की सम्त
मिट्टी ने दी सदा तो ठहरना पड़ा मुझे

इस दिल की रहनुमाई में चलने से ये हुआ
दलदल में ख़्वाहिशों की उतरना पड़ा मुझे

थकन से जिस्म मिरा जब भी टूट जाएगा
तिरा ख़याल मिरा हौस्ला बढ़ाएगा

रफ़ाक़तों[1] का सफ़र देर तक नहीं रहता
किसी मुक़ाम पे ये चाँद डूब जाएगा

1 दोस्ती

ठहर गया मिरी आँखों में दर्द का मौसम
तिरा ख़याल मुझे जाने कब रुलाएगा

वो जिनके घर में किताबों को खा गई दीमक
उन्हें बताओ कहाँ से शऊ'र आएगा

ये इ'श्क़ लाएगा उस मोड़ पर तुझे इक दिन
ग़ज़ल नहीं तू मिरा नाम गुनगुनाएगा

ये तो अब तय है कि वो लौट के आने से रहा
मैं भी तस्वीर कोई और बनाने से रहा

मैं जहाँ हूँ वो अंधेरों का घना जंगल है
मेरा साया भी मुझे ढूँड के लाने से रहा

ताज इस दौर में मुम्किन है कि बन भी जाए
कोई फ़नकार मगर हाथ कटाने से रहा

ग़म तो हर हाल में आँखों से छलक जाएगा
लाश सीने में समुन्दर भी छुपाने से रहा

रूठना है तो बड़े शौक़ से तू रूठ मगर
ज़िन्दगी मैं तुझे इस बार मनाने से रहा

फ़क़त ज़मीं ही नहीं आस्मान मेरा है
फ़क़ीर-ए-इ'श्क़ हूँ सारा जहान मेरा है

हसब-नसब की ये बातें तो काग़ज़ी हैं फ़क़त
जहाँ भी इ'श्क़ है वो ख़ानदान मेरा है

मिरा वजूद है क़ायम इसी तअ'ल्लुक़ से
हवाएँ उसकी हैं और बादबान मेरा है

मिरी ग़ज़ल अभी मायूस हो नहीं सकती
अभी तो शह्र में इक क़द्रदान मेरा है

अभी तो पर भी नहीं खोले उसने उड़ने को
अभी से कहने लगा आस्मान मेरा है

नई नस्लों से उसको भी कभी इ'ज़्ज़त नहीं मिलती
बुज़ुर्गों से जिसे तहज़ीब की दौलत नहीं मिलती

मोहब्बत के लिए क़ुर्बानियाँ तो देनी पड़ती है
किसी को मौत से पहले कभी जन्नत नहीं मिलती

सितम ये है कि मैं जिनके लिए मस्रूफ़ रहता हूँ
उन्हीं से बात करने की मुझे फ़ुर्सत नहीं मिलती

जुनून-ए-इ'श्क़ हो तो ख़ाक में मिल जाना पड़ता है
घरों में बैठे रहने से कभी शोहरत नहीं मिलती

अ'जब इक बे-यक़ीनी ने मिरा दिल घेर रक्खा है
कोई भी हाथ हो सर पर मुझे राहत नहीं मिलती

वो क्या बुनेगा कोई ख़्वाब सल्तनत के लिए
तरस रहा हो जो मुद्दत से एक छत के लिए

लहू में डूबे हैं काग़ज़ क़लम दवात उधर
तरस रहे हैं इधर लोग ख़ैरियत के लिए

किसी को साज़िशें करने की क्या ज़रूरत है
मिरा मिज़ाज है मेरी मुख़ालिफ़त[1] के लिए

1 विरोध

किसी बुज़ुर्ग की सोहबत में बैठना उठना
बहुत ज़रूरी है ये अच्छी तर्बियत[1] के लिए

1 शिष्टाचार

ऐ ज़िन्दगी ये सितम है कि तेरे होते हुए
ज़माना आने लगा मेरी ता'ज़ियत[1] के लिए

1 शोक प्रकट करना

उन आँखों में अ'क्स कभी तू अपना देख न पाएगा
इस हस्रत में ऐ दिल इक दिन पत्थर का हो जाएगा

शहज़ादों की प्रेम कहानी अफ़्साना बन जाती है
तेरी मेरी बातें पगली कौन यहाँ दुहराएगा

अपनी महफ़िल जमती है अब शह्र के कॉफ़ी हाउस में
गाँवों की चौपाल पे आकर कौन अलाव लगाएगा

इ'श्क़ नगर में रहने के आदाब ज़रूरी होते हैं
पहले तुमको ख़ामोशी का राग सुनाया जाएगा

इतना भी बेकार न समझो याद-ए-माज़ी को 'नादिर'
ये तिनका ही एक न इक दिन दरिया पार कराएगा

तमन्ना कब हवस के दाम से बाहर निकलती है
कहीं आवाज़ भी कोहराम से बाहर निकलती है

बहुत तेज़ाब फैला है गली कूचों में नफ़रत का
मोहब्बत फिर भी अपने काम से बाहर निकलती है

बहुत से नाम है लेकिन यहाँ पर देखना ये है
वो शहज़ादी भला किस नाम से बाहर निकलती है

ग़ज़ल तो बे-हयाई के भी इस माहौल में अक्सर
दुपट्टा ओढ़ कर आराम से बाहर निकलती है

इ'नायत जब कभी आँखों पे होती है तसव्वुर की
पहनकर ख़ुश्बुएँ वो जाम से बाहर निकलती है

जिसकी बदौलत आँगन पर रहमत का साया रहता है
वही बुढ़ापा घर के अन्दर सहमा सहमा रहता है

लाख तरक़्क़ी कर लें बच्चे फिर भी फ़िक्रें रहतीं हैं
बुनियादों पर दीवारों का बोझ हमेशा रहता है

बाहर निकलूँ तो अन्जानी भीड़ डराती है दिल को
घर के अन्दर सन्नाटों का शोर सताता रहता है

दे तो दिए काग़ज़ के खिलौने मैंने बनाकर बच्चों को
बारिश का भी ख़ौफ़ मुसलसल दिल पर छाया रहता है

चाँद किसी के आँगन में कब ठहर सका है सारी रात
दीपक है जो वक़्त-ए-सहर तक घर में जलता रहता है

चराग़ हँस लें ये मौक़ा' ज़रा नहीं देती
घुटन हवाओं को भी रास्ता नहीं देती

तिरे बग़ैर भी कहती है मुझसे जीने को
ये जिन्दगी भी सही मश्वरा नहीं देती

हम ऐसे शह्‌र में रहते हैं दोस्तो कि जहाँ
कोई जुबान किसी को दुआ' नहीं देती

उदासियों का मिरे दोस्त ऐसा आ'लम है
कि तेरी याद भी अब हौस्ला नहीं देती

तुम्हारा ज़िक्र ही हर बार छेड़ देती है
ये दुनिया ज़ख़्म भी कोई नया नहीं देती

भीक दीदार की दे दो मुझे दाता बनकर
ढूँडती रहती हैं आँखें तुम्हें कासा बनकर

मुझको रहना था तिरी आँख में आँसू की तरह
मैं तो नाकाम हूँ ऐ दोस्त सितारा बनकर

एक लम्हा जो मोहब्बत का मिला था मुझको
छा गया ज़ेह्न पे मेरे वो ज़माना बनकर

कैसे एहसान उतारूँगा मैं उस जुगनू का
जो अंधेरों में रहा साथ उजाला बनकर

तज़्किरा चाहे किसी का हो चमक आती नहीं
रह गई ज़िन्दगी बीमार का चेहरा बनकर

मोहब्बतों को कहीं से मदद नहीं मिलती
ये जंग ऐसी है जिसमें रसद नहीं मिलती

ये ख़्वाब मर के भी आँखों में रक्खे रहते हैं
ये लाशे ऐसे है जिनको लहद नहीं मिलती

ये नफ़रतों की मसाफ़त[1] तवील है कितनी
तमाम उ'म्र चलो फिर भी हद नहीं मिलती
1 दो स्थानों के बीच की दूरी

किसी किसी का लहू आँसुओं में बहता है
मोहब्बतों की सभी को सनद[1] नहीं मिलती
1 प्रमाण-पत्र

मैं एक हर्फ़-ए-ग़लत हूँ सुबूत में इसके
कोई दलील उसे मुस्तनद[1] नहीं मिलती
1 प्रमाणित

आरज़ूओं के समुन्दर से निकल कर आए
ऐसा लगता है कि हम आग में जल कर आए

दिल के सहरा को सुलगते हुए मुद्दत गुज़री
कोई सैलाब भी आए तो सँभल कर आए

वो अगर ख़्वाब है आँखों में रहे बेहतर है
और हक़ीक़त है तो आँखों से निकल कर आए

हमको हालात ने शर्मिन्दा किया इस हद तक
बारहा अपने ही घर भेस बदल कर आए

अ'क़्ल कहती है तुझे तह में उतरना होगा
दिल ये कहता है गुहर आप उछल कर आए

अफ़्सोस है कि इतनी सफ़ाई के बा'द भी
कुछ दाग़ रह गए हैं धुलाई के बा'द भी

दुनिया तिरी लिखाई समझ में न आ सकी
अनपढ़ रहे हम इतनी पढ़ाई के बा'द भी

डाली थी तुमने पाँव में ज़न्जीर जिस जगह
बैठे हैं हम वहीं पे रिहाई के बा'द भी

ये हौस्ला भी इ'श्क़ ने हमको अ'ता किया
ज़िन्दा हैं देख तेरी जुदाई के बा'द भी

सहरा तिरा मिज़ाज समझना था इसलिए
हम चल रहे हैं आब्ला-पाई के बा'द भी

दिल को जकड़ के बैठा है ये कौन सा मलाल
हम ख़ुश नहीं हैं तेरी बधाई के बा'द भी

रुमाल ले लिया है किसी महजबीन से
कब तक पसीना पोछते हम आस्तीन से

ये आँसुओं के दाग़ हैं आँसू ही धोएँगे
ये दाग़ धुल ना पाएँगे वाशिंग मशीन से

नाकाम हो के लौट रहे हैं फ़लक से हम
कैसे नज़र मिलाएँगे जाकर ज़मींन से

नाकामियों से यार तलफ़्फ़ुज़[1] बिगड़ गया
वाक़िफ़ थे ख़ूब हम भी कभी सीन-शीन से

1 उच्चारण

गिरवी रखे हैं कान ज़रूरत की सेफ़[1] में
अब हम बहल न पाएँगे लफ़्ज़ों की बीन से

1 तिजोरी

क्या सितम है कि मददगार समझ लेते हैं
सब तुम्हें मेरा तरफ़दार[1] समझ लेते हैं

1 पक्षधर

हमने पाज़ेब में लिपटी हुई आहें भी सुनी
आप झंकार को झंकार समझ लेते हैं

बात अगर डूब के मरने की ही ठहरी तो हम
एक आँसू को भी मझधार समझ लेते हैं

मुझको आती है हँसी सर से बँधे कपड़ों को
लोग किस शौक़ से दस्तार समझ लेते हैं

क्या हिमाक़त[1] है कि हम सादा-तबीअ'त[2] वाले
ख़ामुशी को तिरी इन्कार समझ लेते हैं

1 मूर्खता 2 सरल स्वभाव

उसको मिरी तड़प का गुमाँ तक नहीं हुआ
मैं इस तरह जला कि धुआँ तक नहीं हुआ

तुमने तो अपने दर्द के क़िस्से बना लिए
हमसे तो अपना दर्द बयाँ तक नहीं हुआ

ये चाहते थे मौत ही हमको जुदा करे
अफ़्सोस अपना साथ वहाँ तक नहीं हुआ

हैरत है वो भी शह्र बसाने की ज़िद में है
ता'मीर[1] जिससे अपना मकाँ तक नहीं हुआ

1 निर्माण

तस्वीर तेरी लफ़्ज़ों से बन सकती थी मगर
हमसे ही तेरा ज़िक्र यहाँ तक नहीं हुआ

मैं तेरे सामने फ़रियाद करने वाला नहीं
ये आस्मान ज़मीं पर उतरने वाला नहीं

तुम्हारे शह्र में चालाक लोग रहते हैं
मोहब्बतों में यहाँ कोई मरने वाला नहीं

ये आफ़्ताब तो हर शाम डूब जाता है
मगर ये हिज्र का दिन तो गुज़रने वाला नहीं

तुझे तो ख़ैर किसी मोड़ पर बिछड़ना था
तिरा ये फ़ैसला हैरान करने वाला नहीं

हमारी आँखें किसी ख़ुश्क झील जैसी हैं
कोई भी नक़्श यहाँ अब उभरने वाला नहीं

कभी कपड़े बदलता है कभी लहजा बदलता है
मगर इन कोशिशों से क्या कहीं शजरा[1] बदलता है

1 वंशावली

परिन्दा सोचता ये है रिहाई मिल गई मुझको
सफ़ाई की ग़रज़ से जब कभी पिन्जरा बदलता है

तुम्हारे बा'द अब जिसका भी जी चाहे मुझे रख ले
जनाज़ा अपनी मर्ज़ी से कहाँ काँधा बदलता है

बहुत ज़िद्दी मुसव्विर[1] है नई पहचान की ख़ातिर
मिरी तस्वीर का हर रोज़ वो चेहरा बदलता है

1 चित्रकार

मिरी आँखों की पहली आख़िरी हद है तिरा चेहरा
मैं वो पागल नहीं हूँ रोज़ जो रस्ता बदलता है

सब ठीक है कहने को मोहब्बत की कमी है
बिस्तर पे सलीक़े से कोई लाश पड़ी है

इस शह्र-ए-तकल्लुफ़ में ज़माना हुआ रहते
लगता है मगर जैसे हर इक चीज़ नई है

दीवार ही तोड़ेंगे तो बन पाएगा रस्ता
हम आके जहाँ रुक गए वो बन्द गली है

सब लोग जो हैरत से तुझे देख रहे हैं
सर तेरा बहुत छोटा है दस्तार बड़ी है

ये देखते हैं ज़ंग भी लग पाएगा कब तक
दीवार-ए-तअ'ल्लुक़[1] में नई कील गड़ी है

1 रिश्ते की दीवार

इक दूसरे का हाथ भी पकड़े हुए हैं लोग
फिर भी ये लग रहा है अकेले खड़े हैं लोग

दुनिया कहाँ कहाँ है किसी को ख़बर नहीं
ख़ुशफ़हमियों की क़ब्र में सोए हुए हैं लोग

उस सम्त जा रहे हैं जिधर ज़िन्दगी नहीं
आँखें खुली हुई हैं मगर सो रहे हैं लोग

सूरज ज़कात[1] बाँट के वापस चला गया
कशकोल[2] हाथ में लिए अब भी खड़े हैं लोग

1 दान 2 भिक्षा-पात्र

'नादिर' तुम अपनी प्यास कहाँ ले के आ गए
क़त्रे उधार माँग के दरिया बने है लोग

हमीं अकेले नहीं ज़िन्दगी से हारे हुए
बहुत से लोग खड़े हैं बदन उतारे हुए

कई अ'ज़ीज़ थे जिनसे बिछड़ गए हैं हम
तरक़्क़ियों के सफ़र में बहुत ख़सारे[1] हुए

1 नुक़्सान, घाटा

किसी को दर्द भी अपना बता नहीं सकते
हैं मुश्किलों में बहुत रौशनी के मारे हुए

किसी ने देखा नहीं आस-पास थी जन्नत
थे आस्माँ की तरफ़ हाथ सब पसारे हुए

नज़र मिलाने की हिम्मत कहाँ से आएगी
पलट कर आएँगे अल्फ़ाज़ जब पुकारे हुए

रंग बिरंगे नक़्श उभर कर तैर रहे हैं पानी पर
चाँद ने अपनी मुहर लगा दी दरिया की पेशानी पर

तुम क्या जानो तुम क्या समझो इ'श्क़ इसी को कहते हैं
हमने अपनी उ'म्र गुज़ारी कैसे एक कहानी पर

आख़िर मैंने ख़ून से अपने वो तस्वीर मुकम्मल की
कब तक बेबस बैठा रहता रंगों की मनमानी पर

नस्लें वहशीं हो जाती हैं यार हिफ़ाज़त करने में
ख़ुश होने की बात नहीं है सहरा की सुल्तानी पर

कब तक खंडर अपनी कहानी हमें सुनाएगा 'नादिर'
कब तक आँखें जमी रहेंगी देखें इस वीरानी पर

दिल-ओ-दिमाग़ पे अब के घुटन बला की है
हवा के साथ ज़रूरत मुझे दुआ' की है

बिछड़ रहे हैं मोहब्बत में बदगुमाँ होकर
यहाँ से उसने फ़साने की इब्तिदा[1] की है

1 प्रारंभ

सब अपने नाम की तख़्ती लगाए बैठे हैं
पता सभी को है ये सल्तनत ख़ुदा की है

हर एक धुन पे थिरकना हमारे बस का नहीं
हमारे जिस्म को आदत उसी सदा की है

ये साफ़-साफ़ इ'बारत[1] ये पुर-सुकूँ मन्ज़र
तुम्हारी आँखों में तस्वीर किस जगह की है

1 आलेख, लिखावट

उदासियों के सिवा इस मकान में क्या है
तुम्हारे बा'द मिरी दास्तान में क्या है

तुम इसलिए भी मुख़ालिफ़[1] रहे हवाओं के
तुम्हें पता ही नहीं आस्मान में क्या है

1 विरोधी

निगाह टिकती नहीं क्यों किसी भी चेहरे पर
ख़ुदा ही जाने तुम्हारे गुमान में क्या है

ज़मीं से उठ के ख़ला[1] में कहीं भटक जाना
ज़रूरतों के अ'लावा उड़ान में क्या है

1 अन्तरिक्ष

बस इक जुनून समुन्दर में ग़र्क़[1] होने का
नहीं तो और नदी के उफ़ान में क्या है

1 डूब जाना

तमाम उ'म्र जला हूँ तपिश में सूरज की
ये मुझसे पूछे कोई साएबान[1] में क्या है

1 तंबू, छज्जा, ओसारा

नज़र के सामने गुज़रे हुए ज़माने हैं
नई रुतें हैं मगर फूल सब पुराने हैं

तुम्हारे साथ ठहर जाऊँ इस जगह कैसे
मुझे तो और कई रास्ते बनाने हैं

जो रिश्ते टूट गए उनको भी निभाना है
हमें तो सूखे हुए फूल भी सजाने हैं

फ़क़ीर कब से खड़ा है यही बताने को
खंडर में दफ़्न अभी और भी ख़ज़ाने हैं

कहाँ से लाएँ वो दुख-दर्द बाँटने वाले
यहाँ तो चारों तरफ़ सिर्फ़ कारख़ाने हैं

अगर कुछ फ़िक्र के लम्हे मयस्सर हो गए होते
चराग़ो की तरह हम भी मुनव्वर हो गए होते

अगर मैं ज़िन्दगी कुछ दिन भी तेरे साथ रह लेता
तो दुनिया के कई एहसान मुझ पर हो गए होते

तुझे पाने की ख़्वाहिश में गवाँ दी ज़िन्दगी अपनी
तुझे सोचा अगर होता सुख़नवर हो गए होते

अगर आसान होता ज़िन्दगी के दुख छुपा देना
तो फिर अब तक कई क़त्रे समुन्दर हो गए होते

कुछ ऐसा ख़ौफ़ दिल पर अजनबी चेहरों का था 'नादिर'
सदा देता नहीं कोई तो पत्थर हो गए होते

धड़कनों का शोर भी मद्धम रहा
इन दिनों कुछ सब्र का आ'लम रहा

इन बदलते मौसमों की भीड़ में
एक चेहरा देर तक क़ायम रहा

हो गया वो मुतमईन[1] जाकर कहीं
और मैं उलझा हुआ रेशम रहा

1 संतुष्ट

देखते हैं ये नई रुत क्या करे
आज तक तो हिज्र का आ'लम रहा

कह न पाए उससे अपने दिल की बात
ये दिया भी उ'म्र भर मद्धम रहा

दूर हो सकती थी घर की तीरगी
ए'तिबार अपना दिए पर कम रहा

वो अपनी जान पर ऐसा ग़ज़ब करेगा क्यों
मिरे लिए भला तर्क-ए-नसब[1] करेगा क्यों

1 वंश त्यागना

मैं मुतमइन[1] हूँ नहीं कुछ भी अब गँवाने को
सो मेरा क़त्ल कोई बे-सबब करेगा क्यों

1 संतुष्ट

उतार आया हूँ मैं झूट के लबादे सब
मिरी तलाश तिरा शह्र अब करेगा क्यों

1 वस्त्र

जिसे चराग़ मिले हों जले जलाए हुए
वो रौशनी का ज़रा भी अदब करेगा क्यों

जो मेरे साथ कभी जाग भी नहीं पाया
वो मुझसे ख़्वाबों की दौलत तलब करेगा क्यों

छोड़कर तुझको कहीं और निकल सकते थे
ज़िन्दगी हम तिरा उ'न्वान[1] बदल सकते थे

1 शीर्षक

मर गए ठीक हुआ ख़त्म कहानी भी हुई
वर्ना इक रोज़ कहानी से निकल सकते थे

आईना होने का नुक़्सान उठाया हमने
मिट्टी होते तो किसी शक्ल में ढल सकते थे

मौसम-ए-हिज्र[1] तिरा शुक्र बचाया तूने
वस्ल की आँच से हम वर्ना पिघल सकते थे

1 जुदाई का मौसम

ऐसे मौक़े' तो असीरी[1] में कई बार मिले
हम अगर चाहते ज़न्जीर बदल सकते थे

1 दासता

आँसू हमारा उसकी हथेली पे आ गया
शहज़ादा आज अपनी हवेली पे आ गया

कुछ फूल खिल गए ये ख़ुशी तो हुई मगर
इक साँप भी कहीं से चमेली पे आ गया

मोती जड़े थे जिसमें हमारे यक़ीन के
वो हार कैसे तेरी सहेली पे आ गया

अब उसका हाथ छोड़ना मज्बूरी है मिरी
ये इ'श्क़ भी अ'जीब पहेली पे आ गया

कल रात उसने चूम लिया मेरे हाथ को
गहताब आस्माँ से हथेली पे आ गया

वो जो कासा[1] लिए हर दर पे खड़ा होता है
मैं उसे रोज़ बताता हूँ ख़ुदा होता है
1 भिक्षा-पात्र

कितने दरवाज़ों पे झुकता है तुम्हें क्या मा'लूम
वो जो इक शख़्स किसी घर का बड़ा होता है

वक़्त पर काम न आ पाए तो भाई कैसा
घर में रक्खी हुई तल्वार से क्या होता है

उसने ता'रीफ़ के पत्थर से किया है ज़ख़्मी
ये निशाना बड़ी मुश्किल से ख़ता[1] होता है
1 चूकना

इ'श्क़ में सर कभी झुकता ही नहीं है 'नादिर'
ये वो सज्दा है जो आँखों से अदा होता है

इ'श्क़ ने ख़ूब इन्तिक़ाम लिया
बेवफ़ा से वफ़ा का काम लिया

इ'श्क़ शायद इसी को कहते हैं
आँख ने आँख का सलाम लिया

और कोई इ'लाज था ही नहीं
हार कर दिल ने तेरा नाम लिया

उ'म्र भर दुश्मनों के साथ रहे
आग से रौशनी का काम लिया

गिरने वाला ही था शजर से मैं
कुछ परिन्दों ने मुझको थाम लिया

मोहब्बतों के मज़े तूने कुछ कमाए नहीं
निशान हिज्र के तेरे बदन पे आए नहीं

बस एक गुज़रा तअ'ल्लुक़[1] निभाने बैठे हैं
वगर्ना दोनों के कप में ज़रा भी चाय नहीं

1 संबंध

हज़ार बार मुलाक़ात आईने से हुई
वो रख-रखाव के मौसम पलट के आए नहीं

कई दिनों से मिरे घर में दिन नहीं निकला
कई दिनों से मिरे ज़ख़्म मुस्कुराए नहीं

ये एहतियात भी बरती गई तअ'ल्लुक़ में
कि दोनों साथ रहे और दिए बुझाए नहीं

ख़्वाब में हाथ छुड़ाती हुई तक़्दीर का दुख
आँख से लिपटा है अब तक उसी ता'बीर[1] का दुख

1 स्वप्न का अर्थ और परिणाम बताना

क़ैद-ख़ाने[1] में यही सोच के वापस आया
मुझको मा'लूम है तन्हा पड़ी ज़न्जीर का दुख

1 कारागार

कोशिशें करके बहर-हाल[1] मुसव्विर हारा
शोख़ रंगों में छुपा ही नहीं तस्वीर का दुख

1 हर प्रकार से

मश्वरा ख़ाना-ख़राबों[1] से ही करना बेहतर
एक खंडर ही बता सकता है ता'मीर का दुख

1 जिसका घर-बार और धन आदि नष्ट हो गया हो

महफ़िल-ए-शे'र-ओ-सुख़न यूँ ही रहे बाग़-ओ-बहार
नस्ल-दर-नस्ल चले मीर तक़ी मीर का दुख

तमन्ना का बदन बिखरा पड़ा है
वो इक गुलदान जो टूटा पड़ा है

तिरी आहट पे शायद चौंक उट्ठे
बहुत दिन से बदन गूँगा पड़ा है

जिसे दामन मयस्सर है वो रोए
यहाँ इक उ'म्र का सूखा पड़ा है

अभी पहचान बाक़ी है हमारी
अभी तक गाँव में हिस्सा पड़ा है

तुझे जल्दी है वापस लौटने की
तअ'ल्लुक़ का सिरा उलझा पड़ा है

जो चाहे माँग लो क़ीमत तुम अपनी
अभी किर्दार पर पर्दा पड़ा है

मोहब्बत का किसी सूरत कोई पहलू नहीं निकले
सियासत चाहती है फूल से ख़ुशबू नहीं निकले

सुना है दर्द घट जाता है जब इन्सान रोता है
मगर वो क्या करें जिसके कभी आँसू नहीं निकले

न जाने मस्लिहत[1] की कौन सी चादर में लिपटे हैं
अंधेरा बढ़ गया लेकिन अभी जुगनू नहीं निकले

1 लाभ-हानि देखकर निर्णय लेना

मोहब्बत के मुसाफ़िर को तरसती ही रही बस्ती
कभी सूफ़ी नहीं निकले कभी साधू नहीं निकले

थकन से चूर होकर गिर गया बिस्तर पे मैं अपने
मगर अब तक तिरी तस्वीर से बाज़ू नहीं निकले

तअ'ल्लुक़ात[1] की ये रौशनी है कितनी देर
तिरे लबों पे मिरी शाइ'री है कितनी देर

1 संबंधों

वही मलाल का सूरज वही गली कूचे
ऐ ख़्वाब-ए-यार[1] तिरी ज़िन्दगी है कितनी देर

1 प्रेमिका का सपना

तुझे भी ख़्वाहिशें तेरी तबाह कर देंगी
ऐ हुस्न-ए-यार[1] तिरी सादगी है कितनी देर

1 प्रेमिका की सुन्दरता

बुझे पड़े हैं तिरे शह्र में कई सूरज
मैं जानता हूँ ये ज़िन्दा-दिली है कितनी देर

तिरे ख़तों पे नज़र पड़ती है तो सोचता हूँ
मिरी निगाह में ये रौशनी है कितनी देर

अब इसके बा'द वही दश्त है वही सहरा
तुम्हारी आँख में 'नादिर' नमी है कितनी देर

सुकूत-ए-इ'श्क़[1] में डूबा हुआ वो इक लड़का
चराग़-ए-हिज्र[2] जलाता हुआ वो इक लड़का

1 प्रेम की शांति 2 विरह का दीपक

पता करो उसे सहरा में कौन ले आया
हर इक बात पे हँसता हुआ वो इक लड़का

ज़रूरतों के तक़ाज़ों में टूटता बनता
बहुत क़रीब से देखा हुआ वो इक लड़का

न जाने कौन सी दुनिया में खो गया आख़िर
तिरी गली से गुज़रता हुआ वो इक लड़का

मोहब्बतों के हसीं ख़्वाब ले के आँखों में
बशीर बद्र को पढ़ता हुआ वो इक लड़का

क़लम लबों में दबाए हुए वो इक लड़की
उसी का अ'क्स बनाता हुआ वो इक लड़का

तलाश कीजिए 'नादिर' पुराने अल्बम में
किसी की चाह में भटका हुआ वो इक लड़का

हमारे दिल को तिरी ख़्वाहिशों ने छोड़ दिया
ख़ुदा का घर था इसे ख़ुद बुतों ने छोड़ दिया

दिए के साथ जला लेना उँगलियाँ अपनी
ये खेल खेलना अब लड़कियों ने छोड़ दिया

तिरी वफ़ाओं पे मज़्मून[1] लिखने बैठा था
क़लम का साथ मगर उँगलियों ने छोड़ दिया

1लेख

बस इतना जान लो फिर उस गली में जाना तुम
तमाशा देखना अब खिड़कियों ने छोड़ दिया

धुएँ से शक्ल बनाना उदास लम्हों की
नए ज़माने तिरी सिगरेटों ने छोड़ दिया

दरवाज़ा तो बन्द किया है आ'ली-जाह[1]
वक़्त मगर सब देख रहा है आ'ली-जाह

1 बड़े रुत्बे वाला

बाहर कितना हंगामा है आ'ली-जाह
लेकिन आपको क्या करना है आ'ली-जाह

दर्द वही ज़न्जीर वही दीवार वही
इ'श्क़ से आख़िर झगड़ा क्या है आ'ली-जाह

राजमहल की सुर्ख़ी कम होती ही नहीं
बुनियादों[1] में ख़ून भरा है आ'ली-जाह

1 नींव

ताज उतारो मन्सब छोड़ो बाहर आओ
शहज़ादे का हुक्म हुआ है आ'ली-जाह

ग़ौर से देखो बंजारन की आँखों में
इक पूरा संसार बसा है आ'ली-जाह

तस्लीम[1] कर रहा हूँ कि तेरा रक़ीब[2] हूँ
तू सोचता तो होगा मैं कितना अ'जीब हूँ
1 स्वीकारना 2 दुश्मन

एहसान कर रहा है तिरा हिज्र इन दिनों
मैं इन दिनों ख़ुदा के ज़ियादा क़रीब हूँ

मुझको तुम्हारे इ'श्क़ ने दी हैं तसल्लियाँ
कुछ लोग कह रहे थे मैं कितना ग़रीब हूँ

अफ़्साना मुझसे कोई मुकम्मल न हो सका
तू जानता नहीं मैं अधूरा अदीब[1] हूँ
1 साहित्यकार, लेखक

अपनी हथेलियों से यही पूछता हूँ मैं
कुछ तो पता चले कि मैं किसका नसीब हूँ

मुम्किन[1] है इसके बा'द कोई शय[2] न देख पाऊँ
मैं आज रात चाँद के बेहद क़रीब हूँ
1 संभव 2 वस्तु, चीज़

सीख लो पहले कहीं ख़ून पसीना करना
कोई आसान नहीं ख़्वाब सुनहरा करना

इ'श्क़ ने ख़ूब सिखाया है मिरी आँखों को
आड़ी तिरछी सी लकीरों को भी चेहरा करना

मैं कोई जिस्म नहीं अ'क्स[1] हूँ सच्चाई का
तेरे बस का नहीं दुनिया मुझे मैला करना

1 प्रतिबिंब

हम तिरी चाह में बर्बाद हुए पूरी तरह
हमको आया ही नहीं इ'श्क़ अधूरा करना

क्या ख़बर वक़्त पलटने की इजाज़त ही न दें
सोच कर मुझको कहीं और रवाना करना

क्या कहा कुछ भी नहीं लिक्खा हुआ है 'नादिर'
उसके चेहरे पे ज़रा ग़ौर दुबारा करना

पास अपने कुछ आइने भी थे
हम कभी ख़ुद को देखते भी थे

सिर्फ़ ख़्वाबों के सिलसिले ही नहीं
उस सफ़र में तो रतजगे भी थे

हम ही दुश्वार रास्तों पे चले
वर्ना आसान रास्ते भी थे

हमने देखा था तेरी आँखों में
ख़त अधूरे लिखे हुए भी थे

तुमने सोचा नहीं बुझाते वक़्त
कुछ दिए इनमें काम के भी थे

सोचना पड़ रहा है अब हमको
वाक़ई' हम कभी मिले भी थे

सुकून मिलता है जब उलझी बात खुलती है
मगर कभी-कभी लफ़्ज़ों की ज़ात खुलती है

फिर उसके बा'द वो ख़ामोश रहने लगता है
किसी भी शख़्स पे जब कायनात खुलती है

तुम्हें ये इ'श्क़ बिछड़ कर समझ में आएगा
चराग़ बुझते हैं तब जा के रात खुलती है

हमी ने पाँव में डाली हुई हैं ज़न्जीरें
वगर्ना रोज़ ही राह-ए-नजात[1] खुलती है

1 मुक्ति का रास्ता

किसी बुज़ुर्ग की चौखट किसी बदन की क़बा[1]
ये बात सच है दुआ'ओं के साथ खुलती है

1 पोशाक

दरिया से फ़क़त इसलिए रिश्ता है हमारा
इक शख़्स अभी नाव में बैठा है हमारा

दुनिया ने हमें अपनी तरफ़ खींच लिया है
ऐ इ'श्क़ तुझे आख़िरी सज्दा है हमारा

बैठे हैं बहुत लोग मगर किसको बताएँ
इस पेड़ से कुछ और ही रिश्ता है हमारा

तुम हमको जवाँ देख के हैरान हुई हो
पहचान तो लेतीं कि वो बेटा है हमारा

तुम जिसको घना पेड़ समझ बैठे हो 'नादिर'
कुछ ग़ौर तो कर लेते वो साया है हमारा

आँख से ख़्वाबों के कुछ लाशे निकल कर आ गए
आँसुओं के साथ ये कैसे निकल कर आ गए

गाँवों की ख़ामोशियों ने हमको गूँगा कर दिया
शहर के हम शोर से अच्छे निकल कर आ गए

सुब्ह तक सरगोशियों का रक़्स कमरे में रहा
रात अल्बम से कई चेहरे निकल आ गए

ज़िन्दगी के कुछ तक़ाज़े[1] और थे हम पर सो हम
रतजगों के सब्ज़[2] मौसम से निकल कर आ गए

1 अनुरोध 2 हरा

धूप ने कितना सताया ये बताने के लिए
दोपहर में पेड़ से साए निकल कर आ गए

क्या बताऊँ मैं नज़र उनसे मिला पाया नहीं
आज पेशानी से कुछ सज्दे निकल कर आ गए

क़ैस तो लौटा नहीं सहरा में जाकर उ'म्र भर
आप इस जंजाल से कैसे निकल कर आ गए

मैं ख़ुश्क[1] पत्ते की सूरत किसी अलाव में था
शुरूअ' दिन से मोहब्बत तिरे दबाव में था

1 सूखा

मैं रोज़ आता हूँ लेकिन सुनाई देता नहीं
वो एक राग जो दरिया तिरे बहाव में था

जवाब माँगे थे दुनिया ने कुछ सवालों के
ग़ज़ल का चेहरा कई दिन से जो तनाव में था

तुझे अनारकली क्यों समझ नहीं आया
सलीम अकबर-ए-आ'ज़म के ही दबाव में था

सितारे तैर रहे थे नदी के पानी पर
वो चाँद जिन दिनों 'नादिर' हमारी नाव में था

तालाब पे पड़ती हुई तन्वीर[1] नई है
इस बार मिरे ख़्वाब की ता'बीर[2] नई है

1 रौशनी 2 स्वप्न का अर्थ बताना

हालाँकि असीरी में बड़ा वक़्त गुज़ारा
इस बार मगर पाँव में ज़न्जीर नई है

कमरे की उदासी का सबब पूछ रहे हो
बस इतना समझ लो कि ये तस्वीर नई है

इस बार सितारों ने मिरा दर्द सुना है
इस बार शब-ए-हिज्र[1] की तासीर[2] नई है

1 विरह की रात 2 प्रभाव

किस तर्ह तुझे कोई समझ पाएगा 'नादिर'
हर बार तिरे चेहरे पे तहरीर[1] नई है

1 लिखावट

हम अह्ल-ए-इ'श्क़[1] की पाबन्दियाँ[2] हटा दी जाएँ
नसीहतों की सभी छतरियाँ हटा दी जाएँ

1 प्रेम करने वाले 2 रोक-टोक, प्रतिबंध

वो आदमी तो यक़ीनन बहुत ही अच्छा है
ये शोहरतों की अगर तख़्तियाँ हटा दी जाएँ

तो क्या बचेगा तिरी बज़्म में सुनाने को
अगर ये राह की दुश्वारियाँ[1] हटा दी जाएँ

1 कठिनाइयाँ

यहाँ से आगे सफ़र सख़्त जंगलों का है
अब इस कहानी से शहज़ादियाँ हटा दी जाएँ

इ'ताब[1] टूट पड़े शाह का रियाया पर
ज़रा सी देर अगर दासियाँ हटा दी जाएँ

1 प्रकोप

मुझको तू ख़ास कुछ ज़ियादा है
इसलिए आस कुछ ज़ियादा है

लोग तो और भी अकेले हैं
तुमको एहसास कुछ ज़ियादा है

इसलिए मैं नहीं हूँ गिनती में
तू मिरे पास कुछ ज़ियादा है

चन्द आँसू हैं मेरी आँखों में
और तिरी प्यास कुछ ज़ियादा है

इक नज़र दीद उ'म्र भर की तड़प
ये तो बनबास कुछ ज़ियादा है

सैंकड़ों लोग हैं अमीर मगर
तुझमें बू-बास[1] कुछ ज़ियादा है

1 गंध, लक्षण

कभी शराब कभी रक़्स[1] की ज़रूरत है
हवेलियों के लिए बस यही ज़रूरत है

1 नृत्य

हवा से कह दो कि ख़ुशबू का हाथ छोड़ भी दे
अभी चराग़ की लौ को तिरी ज़रूरत है

फिर उसके बा'द ज़रूरत नहीं किसी की मुझे
ऐ ज़िन्दगी वो मिरी आख़िरी ज़रूरत है

ये और बात कि मैं तुझसे कह नहीं सकता
मगर ये सच है कि तू ही मिरी ज़रूरत है

बला की प्यास रखी है सभी के होंटो पर
हमारे शह्र को सैलाब की ज़रूरत है

हमारे शह्र में लोगों के ज़ेह्न मुर्दा हैं
यहाँ सभी को दुआ' की बड़ी ज़रूरत है

मोहब्बत के सफ़र में दिल को इत्मीनान[1] भी होगा
मगर पहले पहल थोड़ा बहुत नुक़्सान भी होगा

1 आश्वस्त

सुनाने बैठ जाते हो सभी को दास्ताँ अपनी
कहीं ये सोच मत लेना कोई हैरान भी होगा

तुम्हारे इ'श्क़ से पहले ये अन्दाज़ा न था मुझको
किसी को याद रखना इस क़दर आसान भी होगा

धुआँ जब भर गया घर में चराग़ों का तो घबराए
समझ रक्खा था हमने घर में रौशनदान भी होगा

तुम इस बस्ती की रंगीनी पे इतना ख़ुश तो हो 'नादिर'
किसी इक मोड़ पर छोटा सा क़ब्रिस्तान भी होगा

नज़र मिलाए ये हिम्मत कहाँ हवाओं में है
हमारा नाम किसी शख़्स की दुआओं में है

तुम्हारे साथ ऐ भँवरो मैं उड़ नहीं सकता
किसी के नाम की ज़न्जीर मेरे पाँव में है

सुलगती धूप में जलना क़ुबूल है सबको
न जाने कौन सा आसेब अब के छाँव में है
1 प्रेत-बाधा

कोई चराग़ भी रौशन करे तो कैसे करे
हर एक शख़्स यहाँ काग़ज़ी क़बाओं[1] में है
1 पोशाक

लगी है आग तरक़्क़ी की शहर में तेरे
मगर धुआँ है जो उसका वो मेरे गाँव में है

कोई पयाम[1] न ख़ुश्बू न कोई सरगोशी[2]
अ'जीब ख़ामुशी इस साल की हवाओं में है
1 संदेश 2 काना-फूसी करना

हम जो हर शख़्स की ताईद[1] पे आ जाते हैं
लोग भी इसलिए तन्क़ीद[2] पे आ जाते हैं
1 समर्थन 2 आलोचना

मैं जहाँगीर हूँ इन्साफ़ मिलेगा मुझसे
लोग अब भी इसी उम्मीद पे आ जाते हैं

जो उजालों के तरफ़दार[1] हैं दुनिया भर में
जुगनुओं की वही तर्दीद[2] पे आ जाते हैं
1 पक्षधर 2 खंडन करना

कैसी उलझन है कि तुम लौट के आते ही नहीं
लोग हर हाल में घर ई'द पे आ जाते हैं

एक दो भूल मोहब्बत में तो हो जाती है
आप तो बस मियाँ तन्क़ीद[1] पे आ जाते हैं
1 आलोचना

किर्दार का तुम अपनी समर दे तो रहे हो
बच्चों को विरासत में खंडर दे तो रहे हो

ये सोच लो ख़ुश्बू को तरस जाओगे इक दिन
फूलों को सियासत का हुनर दे तो रहे हो

रख लेना मिरे पाँव के छाले भी नज़र में
तुम आज मुझे अ'ज़्म-ए-सफ़र[1] दे तो रहे हो

1 यात्रा करने का संकल्प

आँखों में अंधेरों के बसेरे ही रहेंगे
आँधी को चराग़ों की ख़बर दे तो रहे हो

ता-उ'म्र[1] मिरे साथ तुम्हें रहना पड़ेगा
तुम मेरी तमन्नाओं को घर दे तो रहे हो

1 जीवन भर

ठहर गई है नज़र जा के शामियानों पर
यक़ीन ही नहीं लोगों का आस्मानों पर

जो एहतियात[1] में सूरज से दूर रहते थे
जमी है बर्फ़ भी देखो उन्हीं मकानों पर

1 सावधानी

बहुत चुकाया है फिर भी अभी मोहब्बत का
लगान बाक़ी है हम जैसे कुछ किसानों पर

वो कह रहा है किसी और की अमानत हूँ
यक़ीन ही नहीं होता है अपने कानों पर

किसी के क़र्ज़ में 'नादिर' दबा हुआ हूँ मैं
किसी का सर है बहुत दिन से मेरे शानों पर

दिल की आवाज़ भी सुन पाते हैं कम शाम के बा'द
इक अ'जब शोर में खो जाते हैं हम शाम के बा'द

सौंप देती है थकन नींद के हाथों में हमें
पास आता ही नहीं कोई भी ग़म शाम के बा'द

एक लम्हे की भी फ़ुर्सत नहीं मिलती दिन भर
ख़ुद से मिल पाते हैं जाकर कहीं हम शाम के बा'द

मेरी बाँहों में समा जाते हैं जुगनू आकर
घर में जब अपने मैं रखता हूँ क़दम शाम के बा'द

ख़ामुशी कितने सवालों को जनम देती है
डर बहुत लगता है अल्लाह क़सम शाम के बा'द

अ'जीब धुन है तुम्हें क्या बना के छोड़ोगे
उदास रात का चेहरा बना के छोड़ोगे

समुन्दरों को बहुत हस्रतों से तकते हो
तुम अपनी आँखें भी सहरा बना के छोड़ोगे

हर एक बात पे रोना वही जुदाई का
तुम अपना हिज्र तमाशा बना के छोड़ोगे

न एहतिराम[1] किसी का न कोई वा'दा वफ़ा
तुम अपना शह्र भी कूफ़ा[2] बना के छोड़ोगे

1 सम्मान 2 इराक़ का एक नगर

यही नहीं कि नमी बे-कली[1] की आँख में है
कमाल ये है कि आँसू ख़ुशी की आँख में है

1 व्यग्रता

अब इससे बढ़ के मोहब्बत किसी को क्या देगी
किसी की आँख का आँसू किसी की आँख में है

न जाने कब कोई दरिया ये देख पाएगा
कि किस बला की तड़प तिश्नगी की आँख में है

किसी भी एक पे तोहमत लगाना ठीक नहीं
हवस का रंग यहाँ तो सभी की आँख में है

मलाइका[1] भी जहाँ तक पहुँच नहीं सकते
मुक़ाम[2] ऐसा भी इक आदमी की आँख में है

1 आस्मानी फ़रिश्ते 2 स्थान, जगह

BOOKS

रेख़्ता बुक्स के प्रकाशन

देवनागरी

1. क़श्क़ा खींचा दैर में बैठा	फ़रहत एहसास
2. अब मैं अक्सर मैं नहीं रहता	अनवर शुऊ'र
3. मौसम इतना सर्द नहीं था	ज़ुल्फ़िक़ार आ'दिल
4. खिड़की तो मैंने खोल ही ली	शारिक़ कैफ़ी
5. ग़ज़ल उसने छेड़ी (खंड 1,2,3,4,5,6)	संकलनः फ़रहत एहसास
6. गुलदस्ता-ए-क़व्वाली (खंड 1,2)	संकलनः सुमन मिश्र
7. सुब्ह-बख़ैर ज़िन्दगी	अमीर इमाम
8. अकेलेपन की इन्तिहा	जमाल एहसानी
9. सभी रंग तुम्हारे निकले	सालिम सलीम
10. तिरी सदा का इन्तिज़ार	ख़लीलुर्रहमान आ'ज़मी
11. इक शाम तुम्हारे हिस्से की	काशिफ़ ग़ाइर
12. रौशनी जारी करो	मनीष शुक्ला
13. लिफ़ाफ़े में रौशनी	मोहम्मद अ'ल्वी
14. होशियारी दिल-ए-नादान बहुत करता है	इ'रफ़ान सिद्दीक़ी
15. मिट्टी की सुंदरता देखो	सर्वत हुसैन
16. रेख़्ता उर्दू लर्निंग गाइड (अंग्रेज़ी, हिन्दी)	प्रो० अब्दुर रशीद
17. आख़िरी इ'श्क़ सबसे पहले किया	नो'मान शौक़
18. शाम के बा'द कुछ नहीं	शाहीन अ'ब्बास
19. गुलशन (उर्दू, देवनागरी)	मुज़्तर ख़ैराबादी
20. मोहब्बत जब नहीं होगी	आफ़्ताब हुसैन
21. किताब गुमराह कर रही है	शहराम सरमदी
22. जिस्म का बर्तन सर्द पड़ा है	अमीर हमज़ा साक़िब
23. ग़ज़ल का शोर	ज़फ़र इक़बाल
24. क़ाफ़िला-ए-नौ-बहार	संकलनः विकास शर्मा 'राज़'

25. मौजूद की निस्बत से	महेन्द्र कुमार सानी
26. दुख नए कपड़े बदल कर	शारिक़ कैफ़ी
27. लफ़्ज महफ़ूज़ कर लिए जाएँ	आ'सिम वास्ती
28. मोहब्बत करके देखो ना...	फ़रहत एहसास
29. उदासी बाल खोले सो रही है	नासिर काज़मी
30. मुझ पर मेरा साया पड़ गया	भारत भूषण पंत
31. रेख़्ता के ज़ौक़	संकलन: फ़रहत एहसास
32. रेख़्ता के दाग़	संकलन: फ़रहत एहसास
33. इ'श्क़	मोई'द रशीदी
34. फिर मुझे नींद आ गई	रईस फ़रोग़
35. हिज्र की दूसरी दवा	फ़हमी बदायूनी
36. 100 शाइ'र 100 ग़ज़लें	संकलन: फ़रहत एहसास
37. उदास लोगों का होना बहुत ज़रूरी है	तर्कश प्रदीप
38. रेख़्ता के नज़ीर	संकलन: फ़रहत एहसास
39. लॉकडाउन के दौरान मौत का जिन्दगी-नामा	प्रज्ञा शर्मा
40. गंजे फ़रिश्ते	सआ'दत हसन मंटो
41. मौत की किताब (नॉवेल)	ख़ालिद जावेद
42. सूरजमुखी का फूल	दिलावर अ'ली आज़र
43. ख़ामुशी रास्ता निकालेगी	धीरेन्द्र सिंह फ़य्याज़
44. रेख़्ता के मोमिन	संकलन: फ़रहत एहसास
45. रेख़्ता के आतिश	संकलन: फ़रहत एहसास
46. हमसे क्या हो सका मोहब्बत में	फ़िराक़ गोरखपुरी
47. शीशा-घर में तोड़-फोड़	संकलन: डॉ. मज़हर अहमद
48. रेख़्ता के इन्शा	संकलन: फ़रहत एहसास
49. अगर मैं शे'र न कहता	अ'ब्बास ताबिश
50. नुमाइन्दा कहानियाँ मंटो	सआ'दत हसन मंटो
51. नुमाइन्दा कहानियाँ प्रेमचंद	प्रेमचंद
52. नुमाइन्दा कहानियाँ राजिंदर सिंह बेदी	राजिंदर सिंह बेदी
53. उलट-पुलट का रोज़नामचा	पतरस बुख़ारी
54. नुमाइन्दा कहानियाँ कृष्ण चंदर	कृष्ण चंदर

55. उर्दू की प्रसिद्ध कहानियाँ — संकलनः राहुल झा
56. रंगों की मनमानी — वसीम नादिर
57. एक दिया और एक फूल — इ'शरत आफ़रीन

उर्दू

1. औराक़-ए-ख़िज़ानी — अहमद मुश्ताक़
2. आख़िरी पहर की दस्तक — शमीम हनफ़ी
3. वाहिमा वजूद का — सालिम सलीम
4. गुलशन — मुज़्तर ख़ैराबादी
5. आख़िरी किनारे पर — मोई'द रशीदी

अंग्रेज़ी

1. दीवान-ए-ग़ालिब : सरीर-ए-ख़ामा — नजीब जंग
2. लव लॉन्गिंग लॉस इन उर्दू पोएट्री — संजीव सराफ़

संपर्क

रेख़्ता फ़ाउन्डेशन
बी-37, सेक्टर – 1
नोएडा, यू.पी. – 201301

मंगलेश डबराल

मंगलेश डबराल का जन्म 16 मई, 1948 को उत्तराखंड के टिहरी ज़िले के गाँव काफलपानी में हुआ।

'प्रतिपक्ष', 'आसपास', 'पूर्वग्रह', 'जनसत्ता' और 'सहारा समय' आदि पत्र-पत्रिकाओं में लम्बे समय तक काम करने के बाद वे तीन वर्ष तक नेशनल बुक ट्रस्ट के सलाहकार रहे। उनके छह कविता-संग्रह 'पहाड़ पर लालटेन', 'घर का रास्ता', 'हम जो देखते हैं', 'आवाज़ भी एक जगह है', 'नये युग में शत्रु', 'स्मृति एक दूसरा समय है'; तीन गद्य-संग्रह 'एक बार आयोवा', 'लेखक की रोटी', 'कवि का अकेलापन' और साक्षात्कारों का एक संकलन प्रकाशित हैं। उन्होंने बेर्टोल्ट ब्रेष्ट, हांस माग्नुस ऐंत्सेंसबर्गर (जर्मन), पाब्लो नेरुदा (स्पानी), डोरा गाबे (बल्गारी) आदि की कविताओं का अंग्रेज़ी से अनुवाद किया। वे जर्मन उपन्यासकार हरमन हेस के उपन्यास 'सिद्धार्थ', अरुंधति रॉय के उपन्यास 'अपार ख़ुशी का घराना' के अनुवादक और बांग्ला कवि नवारुण भट्टाचार्य के संग्रह 'यह मृत्यु उपत्यका नहीं है मेरा देश' के सह-अनुवादक रहे। उन्होंने नागार्जुन, निर्मल वर्मा, महाश्वेता देवी, यू.आर. अनन्तमूर्ति, गुरदयाल सिंह, क़ुर्रतुल-ऐन हैदर जैसे साहित्यकारों पर वृत्तचित्रों के लिए पटकथा-लेखन भी किया।

प्राय: सभी भारतीय भाषाओं के अलावा अंग्रेज़ी, रूसी, जर्मन, डच, फ्रांसीसी, स्पानी, इतालवी, जापानी आदि भाषाओं के कई संकलनों और पत्र-पत्रिकाओं में उनकी कविताओं के अनुवाद प्रकाशित हैं। कुछ अंग्रेज़ी अनुवाद डेनियल वाइसबोर्ट और अरविन्द कृष्ण मेहरोत्रा द्वारा सम्पादित 'पेरिप्लस', वाइसबोर्ट और गिरधर राठी द्वारा सम्पादित 'पोयट्री ऑफ़ सर्वाइवल', के. सच्चिदानन्दन द्वारा सम्पादित 'जेस्चर्स', एक सौ भारतीय कवियों के संकलन 'सिग्नेचर्स' और यूनिस डिसूज़ा द्वारा सम्पादित 'दीज़ माई वर्ड्स' आदि में संकलित हैं। मरिओला ओफ्रेदी द्वारा उनके कविता-संग्रह 'आवाज़ भी एक जगह है' का इतालवी अनुवाद 'अंके ला वोचे ऐ उन लुओगो' और अंग्रेज़ी अनुवादों का एक चयन 'दिस नम्बर डज़ नॉट एक्ज़िस्ट' नाम से प्रकाशित हो चुका है।

उन्हें 'साहित्य अकादेमी पुरस्कार', 'ओमप्रकाश स्मृति सम्मान', 'शमशेर सम्मान', 'पहल सम्मान', हिन्दी अकादमी, दिल्ली के 'साहित्यकार सम्मान', 'कुमार विकल स्मृति सम्मान', 'गजानन माधव मुक्तिबोध राष्ट्रीय साहित्य सम्मान', 'परिवार पुरस्कार' आदि से सम्मानित किया गया। आजीविका के लिए वे ताउम्र पत्रकारिता से सम्बद्ध रहे।

9 दिसम्बर, 2020 को निधन।

पानी का पत्थर

मंगलेश डबराल

राजकमल पेपरबैक्स

राजकमल पेपरबैक्स में
पहला संस्करण : 2023

राजकमल पेपरबैक्स : उत्कृष्ट साहित्य के जनसुलभ संस्करण

राजकमल प्रकाशन प्रा. लि.
1-बी, नेताजी सुभाष मार्ग, दरियागंज
नई दिल्ली-110 002
द्वारा प्रकाशित

शाखाएँ : अशोक राजपथ, साइंस कॉलेज के सामने, पटना-800 006
पहली मंजिल, दरबारी बिल्डिंग, महात्मा गांधी मार्ग, प्रयागराज-211 001
1, अनमोल सोराबजी संतुक लेन, धोबी तलाव, मरीन लाइंस, मुम्बई-400 002
वेबसाइट : www.rajkamalprakashan.com
ई-मेल : info@rajkamalprakashan.com

विकास कंप्यूटर एंड प्रिंटर्स
ट्रॉनिका सिटी-201 102
द्वारा मुद्रित

मूल्य : ₹199

PANI KA PATTHAR
Poems by Manglesh Dabral

ISBN : 978-81-19835-42-3